齊乘 卷一之二

齊乘卷一之二

重刊齊乘序

凡著述必有關于民生風教斯能動鬼神其古今而不朽而又有數與命焉益都先有元魏時賈思勰其家思伯思同並有列傳載于魏書而思勰獨無思伯有明堂禮議思同有春秋左氏辨十卷皆不可得見而思勰之齊民要術獨傳自思勰後近千年有元侍郎于欽齊乘于之名不見于元史且史志不及藝文經籍而明史志藝文又不及前代之書故元人著述散而無紀其傳于今者轉不及唐宋之多而齊乘于今特著豈非命乎數乎又聞于之爲此書也夢有趙先生者謂曰君修齊乘僕有一良友葬安邱其人節義高天下請載之以勵末俗覺而異之閱趙岐傳始知爲孫賓石也豈非著述有關係者鬼神亦爲之默贊邪夫表揚前哲諷勵風俗有司之職也余向權知青州篋中先有是書思付之梓以廣其傳匆匆未暇頃蒙

恩改守登州道出益都與明府周公兩牓偶言及是君與余有同志遂慫慂以成之原書中常有舛誤之處君又爲考證若干條附于各卷之後乃剞劂方竣忽赴修文考證僅具草稾余頗爲是書惜而君有賢子字繼千力成其先人之志眞所謂肯堂而肯構者按是書初刻于于公子潛明嘉靖甲子青州守四明杜公又爲重刻然流傳者大都寫本非好古家不能有今得明府喬梓表章

之功庶幾流傳益廣矣而齊民要術則早入　四庫之藏且有聚珍印本風行宇內此固其著述之精英有不可泯滅而非遇
盛世右文恐亦湮沒而勿章是又其書之命與數矣乾隆四十六年九月朝議大夫登州府知府前進士桂林胡德琳序

元序

齊乘六卷故兵部侍郎于公志齊之山川風土郡邑城郭亭館丘壠人物而作也古者郡各有志中土多兵難書弗克存我國家大德初始從集賢待制趙忭之請作大一統志蓋欲盡述天下都邑之盛書成藏之祕府世莫得而見焉于公生于齊官于齊考訂古今質以見聞歲久始克成編辭約而事核公在中朝爲御史憲臺都事左司員外郎終益都田賦總管以文雅擅名當時旣卒其家蕭然獨遺是書于其子潛余官維揚始得閱之嗚呼齊地之彊民物之夥自古然也桓公任管仲以成霸業聖人嘗稱其功謂一變能至于魯後世去古雖遠

山川郡邑猶存革其俗以化其民獨不在夫上之人乎當漢之始兵戈甫定曹參爲齊相師禮蓋公以清靜化民齊乃大治茲非其效歟今齊爲山東重鎭所統郡縣五十有九宦游于齊者獲是書觀之寧無益乎予于于公之言重有感焉謂三代兩漢人材本乎學校之教養謂風俗自漢晉以降愈變而愈下美昔人之賑饑有道歎近世之採金病民以稷下學術流于異端以海上求僊惑于神異斯亦足以槩公之志矣夫公諱欽字思容益都人潛擢南行臺掾云

至元五年己卯冬十月丙戌朔嘉議大夫江北淮東道肅政廉訪使蘇天爵序

齊乘目錄

齊乘目録

齊乘卷之一

益都于欽思容纂

沿革

帝嚳九州之制青州初屬海岱禹貢九州曰海岱惟青州謂東北跨海西南距岱少陽之方其色爲青故以名也舜肇十二州以青越海析遼東爲營商制九有以青爲徐周官職方以徐爲青其東北爲幽州齊則囊括青州襟帶徐兗幽營非所兼也古之國於此者少昊之世有爽鳩氏虞夏有季萴商有逢公柏陵薄姑氏皆爲諸侯周武王克商封太公呂尚于齊末得薄姑之地成王時薄姑與四國作亂成王滅之益

封太公遂有全齊漢志曰齊所以爲齊以天齊也蓋臨淄有天齊淵以此建國命名耳管仲曰昔召康公命我先君太公曰五侯九伯汝實征之以夾輔周室賜我先君履東至于海西至于河南至于穆陵北至于無棣穆陵即大峴山或以爲泰山南龜山北之穆陵山非也或又以爲光州固始縣南之穆陵關不應如是之遠元和志云齊陳二境置此關以爲防禁隋平陳始廢然則南北朝之關塞耳以爲古齊履可乎蘇秦曰齊南有泰山東有琅邪西有清河北有渤海四塞之國地方二千里此其疆域也太公後二十九世彊臣田和篡齊自立五世爲秦所滅始皇郡縣天下始置齊郡又析置琅邪沂密秦亡齊分爲三齊王田都據臨淄濟北王安據博陽膠東王市據卽墨

故號三齊（劉貢父云益都爲天齊濟南爲中齊沂海爲南齊非是）漢高初假韓信繼封子肥爲齊王有齊七十餘城後置青州刺史部領齊郡北海千乘濟南平原東萊膠東高密淄川郡國凡九而不常所理琅邪東海則爲徐州之郡遼東邊郡嘗來屬焉（光武十三年以遼東屬青州二十四年還屬幽州）三國時齊爲魏有晉置青州刺史領齊國濟南樂安城陽東萊五郡而理臨淄琅邪東莞亦爲徐郡永嘉之亂青及徐州之半陷于劉曜石勒厥後慕容燕苻秦迭據其地秦敗苻朗以青州降晉改置幽州以辟閭渾爲刺史鎮廣固隆安四年爲慕容德所陷德稱南燕定都廣固二世爲劉裕所滅西濟東海復爲晉土而祚移于劉氏矣劉宋置青冀二州青理臨淄冀理歷城至明帝時二州及琅邪之地竝沒于元魏魏置青齊膠光北徐州宇文周置齊郡樂安北海郡隋開皇初郡廢復爲州大業初州廢復爲北海高密齊郡琅邪東萊五郡唐武德初郡廢爲青齊淄濰牟密登萊沂等州青齊置二總管府後罷總管爲都督府貞觀初罷都督天寶初復爲北海高密濟南淄川東牟東萊琅邪郡屬河南道青州又升平盧節度石晉青州仍爲平盧節度齊密二州則爲防禦宋置青密齊沂登萊濰淄八州屬京東東路升青州爲鎮海軍密州安化軍齊州興德軍元祐三年安化改臨海軍政和元

年鎮海軍復爲齊郡六年以齊州爲英宗賜履之地升爲濟南府建炎元年京東路青州爲帥府濟南爲要郡登萊沂密爲次要郡從李綱所請京輔之外建十六帥府時天下之勢已去干寶所謂非命世雄才不能復取綱策雖善豈高宗能辦哉金人初入中原詭立宋濟南知府劉豫爲齊帝秉八州之地八年廢之置益都濟南二府立山東東路統軍司于益都轄十三州焉維淄密莒寧海登萊沂海濱棣清滄國初以濟南益都立二帥府益都仍行省事後竝廢置益都濟南般陽三路總管府割德州寧海爲隸省之州四分齊境立宣慰司于益都以鎮之廉訪司于濟南以按治之屬山東東西道皆古全齊之地也其詳則各隨郡縣以載焉其舊屬齊邑今割入他郡者亦別附見云

分野

地志曰虛危爲齊分星曰元枵宮曰寶缾時曰子州曰青魏陳卓分郡國所入宿度齊國入虛六度北海入虛九度濟南入危一度樂安入危四度東萊入危九度平原入危十一度淄川入危十四度魯分徐州屬齊者東海入奎一度琅邪入奎六度高密入婁一度城陽入婁九度膠東入胃一度又唐一行山河兩界圖曰河爲北河江爲南河自北河下流南距岱山爲三齊自南河下流北距岱山爲鄒魯皆負海之國貨殖之所阜也觀兩河之象與雲漢之所終始而分

野可知矣春秋運斗樞曰虛危之精流爲青州分爲齊國立爲萊山其川淮泗其浸沂沭（音述又作術）其利蒲魚兖之浸曰盧維幽之浸曰菑時藪曰貕養

山川

禹貢青州曰嵎夷既略濰淄其道徐州曰淮沂其乂蒙羽其藝嶧陽孤桐皆今齊境山川也取法于經則沂山見周禮爲青州之鎭故冠諸山濰淄二水青之大川故爲衆水之長次則經傳圖志所載與夫古志或遺而高大可稱者皆在所書其餘則略祠宇古迹之類因山川而互見者不復重出云

益都山

沂山○臨朐縣南百里周禮職方氏青州其山鎭曰沂山註曰沂水所出乃取名也漢志朱虛縣東泰山汶水所出酈道元水經曰大弁山與東泰山連麓沭水出焉以二水證之卽公玉帶（公玉帶濟南人公玉姓帶名玉一音肅見史記武帝紀註）請漢武所封之東泰山也然漢志謂卑小不稱其聲者蓋沂山遠望之則高壁聳山緣坡麓旁衍八九十里以漸而升遂至其顚則失其峻極耳又左思齊都賦云神嶽造天惟此山可以當之疑亦因東泰山而得嶽名山頂有二冢相傳周穆王葬宮嬪于此故大峴關因號穆陵云按周初封太公已有南至穆陵之履豈由穆妃而得名乎蓋二冢不知誰氏之葬

反因穆陵而附會也山半有東鎮東安王廟石刻神像俗傳趙太祖微時闘韓通于此棄衣而石翁媪收之神像猶作臂衣之形故又云翁婆廟本即沂山之神歷代封祀有典碑志具存而俚俗誕妄如此不經甚矣

大峴山○即穆陵關也沂山東南曰大弁山大弁今人訛作大屏字相類而誤唐沈亞之沂水禨記又訛作太平山因頂平八九十里故云當從水經作大弁者是大弁東南即大峴也其山峻狹僅容一軌故爲齊南天險劉裕伐南燕兵過大峴指天而喜曰虜已入吾掌中即此山也山北數里有裕祭天五壇

仰天山○臨朐南七十里有黑龍洞縣邑禱雨輒應宋碑云元符三年勅額靈澤廟崇寧五年封濟侯

逢山○臨朐西十里按路史逄伯陵姜姓炎帝後太姜所出始封于逄在開封逄澤後改封于齊猶稱逄公山因名焉有逄公祠漢志云祠逄山石社石鼓于臨朐山舊有石鼓或擊而有聲則齊亂今不存矣其山四面斗絶惟一徑可登且有泉金末避兵于此者多獲免

靈山○臨朐東北廿里晏子春秋云齊大旱景公曰卜祟在高山廣澤寡人欲祀靈山可乎晏子曰靈山以石爲身草木爲毛髮天久不雨髮將焦枯身將爇獨

不欲雨乎祀之何益蓋此山也

凡山○臨朐東北三十里大紀云軒轅踐位天下有不道者從而征之凡五十三征而奄有中區東至于海登凡山及岱宗西至崆峒登雞頭南至于江登熊湘北逐葷粥合符釜山竹書云堯放丹朱于丹水朱虛縣有丹山一名凡山黃帝所禪又名堯山下帶長阪曰破車峴東西二丹水出焉此山西接靈山東連方山遙見穹崇近則卑小豈上古之時爲瀕海之山後漸去海遠耳俗名凡山蓋凡字訛也

雲門山○府城南五里上方號大雲頂有通穴如門可容百餘人遠望如懸鏡泉極甘冽崖壁上銜蚌殼結

石相傳海田所變如沈存中筆談載太行山崖螺蚌石子橫亙如帶之類齊地尤多又有碎石子或開瓦礫凝結作石殆不可曉蓋蚌石雜沙土凝者水所漬也石子自凝成石者氣所化也豈天地之終萬物皆碎爲塵及其開闢漸復凝聚元氣查滓中融化未盡者猶有其質邪以理逆之無足怪者雲門之東曰劈山山峯分裂如劈古名劈頭山西則駝山三山聯翠障城如畫宋熙寧間知青州盧士宗山路記云營丘東秦舊服周環衆山雲門爲之冠然此山實不聞于天下其磨崖題刻有宋慶歷八年富文忠公題名七人熙寧二年歐陽文忠公六人四年趙淸獻公二人

吳文肅公奎十一人政和五年安撫使梁子美十七人金泰和間亦有益都少尹夾谷瑋十一人然則雲門絕景前賢題品尙矣圖經散逸之後乃不得與龍山虎丘角雄天下爲可惜也故特表而出之云

廟設像紀石又有宋熙寧小碣凡五碑余按堯狩此山殊不經見府東角崩山與方山相連伏琛齊記亦名堯山水名堯水地名堯溝以堯名者不一鄭康成云堯遊城陽而死葬焉大紀云堯葬城陽丘壠小葬具微前志謂濟陰城陽有堯冢然齊有丹山朱虛丹朱所封而齊之城陽比濟陰尤顯豈堯老而遊者齊莒之城陽歟丘壠微小不存而山川猶表其稱歟

⿰山其山○府城東五十里水經云康浪水出⿰山其山堯水逕⿰山其山東山在劇縣西南無事樹木圓峭孤特左思賦⿰山其鎮其左是也按齊城山勢俱帶西南東郊平原百餘里有香山者童然孤峙康浪發其南堯水逕其東

郞嵎山也元和志作箕山紀侯冢在山陰宋書云焦恭祭冢得玉磑焉別見巨洋水條下山西南十里有龍女泉辛酉夏旱欽禱此泉投文水中即日雨霑足明年復禱亦如之嘗率村甿欲碑其事甿諾而不集因附此以垂不朽云

牛山○臨淄南十里孟子曰牛山之木嘗美矣齊景公登牛山北顧其國而流涕爲晏子所笑即此山也又白淵之齊道記曰黃丘北十里有鸑鷟峴下帶長㵎東北流經牛山山去此水八十餘里號曰牛頭水是齊景公所登而歎處葢言爲山濁水耳

猫山○臨淄南十五里齊風曰子之還兮遭我乎猫之閒兮即此山也漢書作嶩亦作巙與猫通

稷山○臨淄西南十三里隋志曰臨淄有稷山齊記補曰山舊有后稷祠故名又齊宣王嘗立孔子廟亦名孔父山也

愚山○臨淄西二十里桑欽云山東有愚公冢山北有愚公谷按韓非子云桓公逐鹿入谷問一老父此何名愚公谷對曰臣畜牸牛生犢賣之而買駒少年謂牛不能生馬遂持駒去傍鄰聞之以臣爲愚故名愚公谷後人因爲立廟宋元豐閒禱澍有感封隱利侯南曰杜山與愚山連阜水經云時水屈而西南有杜山高士傳齊宣王獵于杜山閭丘先生長老十三人

相與勞王王賜父老不租父老皆謝先生獨不拜復賜無徭役又不拜曰望得壽富貴于王王曰死生有命非寡人也倉廪備災無以富先生大官無闕無以貴先生閭丘曰非也選良吏平法度臣得壽矣賑乏以時臣得富矣令少敬長臣得貴矣山有白龍灣神祠宋政和賜額顯貺

商山○臨淄西三十里今隸高苑齊記補云南燕建平三年立冶逮今鼓鑄不絕崔琰述征賦云涉淄水過相都登鐵山望齊密卽此山也寰宇記以爲密州之鐵山者非是

孤山○濰州西四十里有穴曰龍洞禱焉雲出卽雨宋

封山神曰廣靈侯又以孟子言伯夷避紂居北海之濱因立廟封伯夷淸惠侯叔齊仁惠侯崇寧大觀碑刻存焉國朝至元十八年加封山神曰孚澤廣靈侯伯夷昭義淸惠公叔齊崇讓仁惠公路史伯夷名允字公信叔齊名致字公遠夷齊謚也此說恐未必然山東曰麓臺俗傳公孫宏讀書處元和志以爲宏墓

陸山○昌邑縣南四十里濰水東岸漢封霍光爲博陸侯食邑北海河東師古曰蓋鄉聚之名非縣也此博陸聚之山耳故名陸山天寶六年勅改霍侯山南有岞山又南峽山皆瀕濰水

浮來山○莒州西三十里春秋公及莒人盟于浮來卽

此也俗訛作浮丘山山半有莒子陵又東南馬鬐山
又東屋漏山浮來之北則洛山黃華水發源于此合
浮來衆水豬爲莒之西湖湖西復有定林山山有定
林寺亦名刹也
焦原山○莒州南四十里記云莒有焦原臨百仞之溪
人莫敢近莒勇士登焉莊子伯昏瞀人射臨百仞之
淵卽此漢志謂之崢嶸谷俗曰青泥衕兩峽峻立如
衕故云
雹山○沂水縣西北三十里寰宇記山出紫石英好者
暎徹如雹故名亦作⿰山包山今曰⿰山包突固又東北螳蜋
山與大小二魯山相連有穴如門直入二十里眞仙
境也縣西四十里有磨石峴長二十餘里極險峻峴
下卽堂阜鮑叔解管仲囚處俗訛作僤阜
高柘山○沂水東北百里漢志靈門有高柘山浯水所
出東入濰又名巨平山俗曰臺頭山
望仙山○沂水西南百里縣中有望仙橋以爲王喬飛
舄之地未詳按列仙傳仙人王喬同姓名者有三人吹笙王子晉一名王喬在周飛舄王喬在葉縣食肉芝王喬在益州北平山在齊地琅邪者無之俗附會耳
蒙陰山○蒙陰縣南八里今名仙洞山琅邪承宮避亂
此山立性好仁不與物競人有認其禾者舍之而去
龜蒙二山○魯頌閟宮曰奄有龜蒙遂荒大東傳曰龜
蒙魯國二山也龜山近魯在今費縣西北七十里後

人指爲蒙山者山頂宛如龜形名不虛得夫子龜山操曰余欲望魯兮龜山蔽之韓退之擬曰龜之大兮祇以奄魯則龜爲魯之大山明矣蒙山者在龜山東二山連屬長八十里禹貢之蒙羽論語之東蒙此正蒙山也邢昺曰先王封顓臾爲附庸之君使主祭蒙山蒙山在東故曰東蒙後人疑于東蒙之說遂誤以龜山當蒙山蒙山爲東蒙而隱沒龜山之本名夫魯人頌其本國之山川辭必審矣故今定蒙山爲龜山東蒙爲蒙山以復古焉（帝王世紀少昊自窮桑都曲阜註謂窮桑在東蒙山屬魯地然未知果是否）龜山下有古顓臾城山前玉虛宮唐仙人賈神翁所建有英烈昭濟惠民王祠即顓臾也山西南十餘里有漏澤澤有五穴春夏積水秋冬漏竭將漏之時先有聲居人匽穴取魚隨種麥比水至麥已收矣（費縣廨有唐大中間校書郎李曙漏澤賦并序石刻宋至和間出于泥中今斷裂爲二在醉翁亭記碑傍醉翁碑者歐公同時人蘇唐卿爲費縣宰篆記文刻石立于此并刻歐公往復手帖皆精）蒙山前陽口村有玉皇廟相傳老萊子故宅也陽口亦山名後魏費縣理此高士傳老萊子隱蒙山著書十五篇言道家之用楚王嘗至其門其妻挾薪而至怪車馬跡之多曰可食以酒肉者可加以鞭捶可授以官祿者可隨以鈇鉞先生受人官祿爲人所制妾不能爲人所制也夫婦遂相與逃去（路史又云老萊子即老子邑于苦之頼頼乃萊也孔子至楚見老萊子時已二百餘歲斑衣戲母側所問答皆禮事知非二人未知是否）

羽山○地記舊在朐山縣西北九十里今屬沂州東南百二十里殛鯀山也前有羽潭一名羽池左傳鯀化爲黃能入于羽淵卽此淵傍生細柳野獸不敢踐郡國志又云鍾離昧城南有羽泉亦殛鯀處其水恆清牛羊不飲

艾山○左傳隱六年公會齊侯盟于艾杜註泰山牟縣東南有艾山在今沂州城西三十里與大小鳳凰山相近官溝水自小沂分流經艾山西注山前靈鎭侯廟山東漢厚丘縣古城城西有酺神廟詳見祠宇

君山○一名抱犢山嶧州北六十里述征記曰承縣君山有抱犢固壁立千仞去海三百里天氣澄明宛然

在目山上有池深纔數尺水旱不增減平田數頃昔有隱者王老抱一犢于上耕種後遇異人仙去故以名焉漢曰樓山魏號仙臺其高九里周四十五里然今嶧州城北三里別有仙壇山亦奇秀豈卽仙臺而誤爲君山所掩邪

魯卿山○嶧州東北七十里國語季文子相宣成二君妾不衣帛馬不食粟魯人思其遺惠爲之立廟亦名季山俗作神峯山

夾山○嶧州北七十里通典東海懷仁縣有夾山春秋之夾谷也左傳定十年公會齊侯于祝其實夾谷孔子相漢有祝其縣

禹貢荊州以山川定經界秦漢以降建置雖不常亦不敢失山川之限焉按抱犢魯卿諸山古圖經皆屬嶧州今則並屬沂州訪之耆舊云李璮據齊以其姻親胡某者知沂州實張威福嶧州畏其逼盡割州東二十里外境與之逮今不改嗚呼璮賊據彈丸之地爲政不平如此固不足責職方氏因之豈曚不知邪

尼丘山○滕州鄒縣東北六十里有坤靈洞宣聖廟其東顏母山水經謂之防山防墓崩即此有顏母廟南有昌平山夫子所生之鄉又南馬鞍山有孟母墓又南唐口山有孟子墓

梟山○鄒縣西南五十里閟宮曰保有梟嶧遂荒徐宅傳曰梟嶧二山名也古有伏羲廟今云有伏羲墓按左傳顓臾風姓伏羲之後實司太昊之祀鄒魯有薊是也伏羲都陳有墓非也今訛作爺娘山

嶧山○鄒縣東南二十里京相璠曰嶧山在鄒縣繹邑之所依山東西二十里高秀獨出積石相臨殆無土壤石間孔穴洞達相通有如數間屋者俗謂之嶧孔避亂入嶧外寇雖衆無所施害永嘉之亂太尉郗鑒將鄉曲千餘家逃此今山南有大嶧名郗公嶧亦有古城遺跡史記始皇二十八年東行郡縣上鄒嶧山刻石頌德三代地理書曰始皇乘羊車登嶧山刻石處名曰書門

吳越春秋越王句踐徙琅邪立觀臺以望東海秦始皇廿八年南登琅邪大樂之留三月徙黔首三萬戶于臺下立石頌德御覽云碑有六百字可讀臺側有四時祠臺上有神泉人或污之即竭漢于此置琅邪縣武帝亦嘗登焉隋開皇十六年于此置豐泉縣大業初復爲琅邪唐省之今山下井邑遺跡猶存登山石道如故土人名曰御路

大朱山○膠州西南百二十里岸海名山也通典高密諸城縣有古齊長城自大朱山起蓋古齊長城起自齊西防門東逾泰山穆陵至大朱山海濱而絕非起自大朱也大朱山有石室晉永嘉中陳仲舉隱此得

道仙去旁有小朱山錯水所出又東徐山方士徐福將童男女二千人會此入海采藥不返又東白猊山風水所出錯水風水俱東入海

大小二勞山○即墨東南六十里岸海名山也又名勞盛山四極明科云軒皇一登勞盛山是也齊記云泰山自言高不如東海勞吳王夫差登之得靈寶度人經神仙傳樂子長遇仙人授以巨勝赤散方曰蛇服此藥化爲龍人服此藥老成童子長服之年百八十歲顏如少女登勞山仙去山高十五里周八十里此大勞也與小勞山華樓山疑即陰山鼎足相聯大勞山有上清宮五代末華蓋仙人識趙太祖于側微宋人爲

建此宮近世有劉使臣者棄金符避此山其徒建碧落宮

陰山○卽墨東南八十里上有小池深不盈尺水旱不增減池傍有石人井石馬蹄迹寰宇記云秦始皇至牢盛山望蓬萊立馬此山遣石人驅牢山不動因立於此石人今海濱山上往往有之蓋勞山之高以其登陟之難則名勞驅之不動又名牢也

不期山○卽墨東南四十里又名訓虎山後漢童恢為不期令有虎食人恢檻獲二虎訓之曰王法殺人者死虎敢食人一虎垂頭服罪一虎吼躍不服服者殺之躍者縱之三齊記云鄭元教授此山草生如韰長尺餘堅靭異常號康成書帶余按勞山不期皆康成講學之地文澤涵濡草木為之秀異千載之下茀芽塞焉深可歎已

天井山○卽墨東十餘里上有一井極甘因號天井北二十餘里平地三穴湯泉出焉若有風從西北來則湯極熱不可入

女姑山○卽墨西南三十里山北舊有基漢志不期太一仙人祠九所及明堂武帝所起不期城西南有七神號曰女姑卽此又東有中祠山亦九祠之一又天室山亦祠所竝見寰宇記

田横島○卽墨東北百里横衆五百人死此四面環海

去岸二十五里可居千餘處盖有竹島塔沙福島轂積車牛皆海中島名然登州蓬萊閣西復有田橫島在岸不在水非是

寧海山

大崑崙山○州東南四十里嵎夷岸海名山也秀拔爲羣山之冠仙經云姑餘山麻姑于此修道上昇餘趾猶存因名姑餘後世以姑餘崑崙聲相類而訛爲崑崙然今東夷人止名崑崙又有小崑崙與之相連宋政和六年封仙姑虛妙真人重和元年賜號顯異觀元遺山續夷堅志崑崙山石落村劉氏嘗于海濱得百丈巨魚取骨爲梁構屋曰鯉堂堂前一槐蔭蔽數

畝忽夢女冠自稱麻姑乞此樹修廟劉漫許之後數日風雷大作昏晦如夜失槐所在相與求之麻姑廟中樹已卧廟前矣山有東牟侯神祠又金大定間關西王祖師訪山前大姓于氏曰我前生修煉此山山有烟霞洞盍往登焉于氏以爲我世居此未聞有洞相與登山求之果見洞口有烟霞字跡大爲神異建祠紀石焉

盧山○州東二十里與大峴山東牟山相連北至海百里上有望海臺峴山有東牟侯祠又東繫馬山始皇于此繫馬草生猶作繫結之狀俗云繫馬础州西南六十里兩鼓山兩峯鼓側相倚竝見寰宇記

文登山〇文登縣東二里寰宇記始皇東巡召集文人登此山論功頌德故名又東有鵂鶹山常有鵂鶹栖其上

斥山〇文登東南六十里爾雅云東北之美有斥山之文皮焉蓋以海濱廣斥得名高門之族居此有千餘家東齊于氏皆斥山望也欽之曾大父端叔府君自斥山徙昌陽大父君端府君其仲子也又自昌陽徙益都先考禮部公嘗命欽攷斥山于氏所出欽對曰按氏族略于氏本周武王子邗叔所封之國在河内邗城子孫以國爲氏去邑爲于後魏時有自東海隨拓拔徙代改爲萬紐于孝文復爲于氏又有淳于姜

姓之後唐避憲宗嫌名亦爲于氏此鄭氏之說也然史記文王伐邗（在野王縣西北）書大傳正作于于蓋古諸侯之國非始于邗叔也又夏相時于夷來賓子欲居九夷于夷其一也或即嵎夷之轉或于國之裔有奔海濱而君長東夷者何其族之蕃而世之衍也斥山之于祖此爲的先君頷之

之罘山〇州西北五十里海濱史記秦始皇廿九年登之罘刊石紀功三十七年又自琅邪使徐福采藥福言苦大魚爲患於是連舟下海登之罘射巨魚郊祀志齊有八祠之罘爲陽主山有陽主廟武帝太始三年幸琅邪禮日成山登之罘稱萬歲子虛賦又云射

乎之罘其山入海中有壘石相傳武帝造橋兩石銘猶存山高九里周五十里西南至福山縣長三十餘里

召石山○文登之東三齊略云始皇造石橋渡海觀日出處有神人召石下城陽一山石岌岌相隨而行石去不駛神人鞭之見血今召石山石色皆赤伏琛齊記曰始皇造橋觀日海神爲之驅石豎柱始皇感其惠求與相見神曰我醜莫圖我形當與帝會始皇從橋入海四十里與神相見左右有巧者潛以足畫神形神怒曰帝負約可速去始皇轉馬前腳纔立後腳隨崩僅得登岸今驗成山東入海道水中有豎石往

往相望似橋柱之狀又有柱石二乍出乍沒琛云始皇渡海立此石標之以爲記山下有海神廟望海臺始皇廟

成山○文登東北百五十里古不夜城側漢志亦作盛山主祠日盛山斗入海最居齊東北陽以迎日出武帝太始三年幸東海作朱鴈之歌禮日此山還而下郵鰥寡今按召石與成山相近因始皇會海神故後世遂呼成山曰神山山斗入海旁多椒島海艘經此失風多覆海道極險處也

鐵官山○文登西百四十里去牟平城百里漢置鐵官冶鑄遺跡尚存

五壘山○文登南五十里南北成行入海如壘又南石門山兩石聳立如門今按文登正南有鐵查山東連斥山甚奇秀圖經弗載豈古與斥山爲一或即五壘石門之異稱歟

白鹿山○文登北四十里唐神龍三年刺史畢元愷於此獲白鹿進之故名又東北海邊有雞鳴島北海中有海牛島郡國志云海牛無角長丈餘紫色足似龜尾若鮎魚性捷疾見人則飛赴水皮堪弓鞬脂可然燈與海驢島相近海驢常以八九月上島產乳其皮水不能潤可以禦雨竝見寰宇記海驢皮今有獲之者淺毛灰白作鱸魚斑又有海狸亦上牛島產乳見

齊記

昌山○文登西南四十里有巨神島龍祠昌水出此山因氏焉南合黑水北納昌陽湯通名昌水西南過萊陽會五龍水南入于海昌陽湯極清溫在文登西七里名如意湯圖記文登有溫泉七所此爲最

般陽山

九目山○登州東南七十里齊記云山有九竅故名北二十里有龍山又北羽山之衆水所出東北流合石門水入海寰宇記亦謂此爲殛鯀之山非也東海既有羽山鯀廟矣此偶同名耳又有朱高密神隱丘歷堂等山圖志弗載不可備述

沙門島附海市　○登州北海中九十里上置巡檢司海艘南來轉帆入渤海者皆望此島以爲表誌其相聯屬則有鼉磯島牽牛島大竹島小竹島歷歷海中蒼秀如畫海市現滅常在五島之上海市之名始見江鄰幾雜志東坡詩序或謂類南海蜃樓蛟蜃嘘氣所成殆不然欽嘗至登州海上訪之蓋海市常以春夏晴和之時杲日初升東風微作雲脚齊斂于海島之上海市必現現則山林城闕樓觀旌幢氊車駝馬衣冠人物凡世間所有象類萬殊或小或大或暫或久或變現終日或際海皆滿其爲靈怪赫奕豈蜃樓可擬哉蓋滄溟與元氣呼吸神龍變化浩不可測如佛經

所謂龍王能興種種雷電雲雨居于本宮不動不搖山海幽深容有此理欽以中秋後至海濱天已微寒知州事李述之詩人也亦相與禱于廣德王之祠越二日忽報云今晨風色雲氣海市當現同登賓日樓候之日初出大竹島上横一巨艘長餘百尋述之指以示余曰此海舟耳述之曰諦觀之何故不動須臾前後曳數旗𦨴戟紛紜忽不見惟有空舟漸變如長廊而滅述之曰風稍急而寒不然現未已也嗚呼神哉然則史漢所稱三神山蓬萊方丈瀛洲望之如雲未能至者殆此類耳且秦漢入海方士僅能往來于磯島之間偶見此異慕之爲仙亦不爲過非若今

人航海遠泛黑水洋外或飄蕩歲月而後返果有蓬萊仙山何不聞也斯言足破千古之惑矣

金山○亦名岠嵎山棲霞縣東北二十里以產金得名郎地記萊陽縣之黃銀坑也隋開皇十八年牟州刺史辛公義於此坑冶鑄得黃銀獻之山寺有隋碑淘金者所祖然隋唐以來皆守土官采以充貢爲數不多未見其害今則編戸置官歲定金額有增無減三時沙汰僅得分毫名曰淘金實則買金鑄納戸漸逃亡官復侵剝大約金戸一家之賦當他戸三倍之多而戸不勝其苦矣又指以金苗鑿地人家居宅墳壠皆所不免而民不勝擾矣其害視鹺竈有加夫宏羊

之罪良史已書辛公義作俑此毒可無誅乎故論及之土俗訛傳隋開皇中岠嵎山出黃金九屋俗儒便紀之于石爲可笑也

艾山○棲霞西北三十里山前溫泉可浴按棲霞縣本以山得名曰百澗北曲方嶺唐山靈峯覆甑積金芝陽公山綦山磁山峆嶁山峆嶁在福山縣南不能具述大抵環縣皆山耳宋李常云吾州有重巖疊嶂不可名狀信然

萊山○黃縣西南五十里封禪書云齊八祠萊山爲月主山有月主直君祠一云萊陰山多仙聖所居

蹲狗山○黃縣西南三十里上有石如狗蹲伏氏云山

極靈劉寵微時途經此石犬吠之後爲太尉俗名狗兒山

蘆山○黃縣南四十里山下有真君宫金縣尹陳公碑云蘆童子晉時人九歲居此山食茯苓升仙唐封沖禧真君

三山○萊州北二十里漢志秦祠八神四曰陰主祠三山寰宇記云在掖縣北海之南岸顏監謂卽三神山者非也漢志曰蓬萊方丈瀛洲此三神山者其傳在渤海中則三神乃蓬萊方丈瀛洲之總稱豈海岸之三山也詳見海市論

浮游島○萊州北海中望若浮游然俗訛曰芙蓉

福祿山○萊州西五里出溫石可爲器又有金山馬鞍優游雄山土山君山皆縣境内

萬里沙○萊州北三十里夾萬歲水兩岸沙長三百里路史云雲陽氏陽帝處于沙掖有萬里沙祠秦皇漢武皆禱于此又北十餘里臨海有盞石方圓五步上有窪樽古老相傳始皇鑿此盛酒以祭百神

大基山○萊州東十里金明昌閒劉國樞記云大基山道士谷後魏鄭文公修道之地流泉花竹地占高敞略無纖塵郡之甲勝

七子山○萊陽縣東南九十里山有八峯大峯居中餘若子然故曰七子

五龍山○萊陽南二十里四水自西北昌水自東北皆
南流至山前五水相合名曰五龍南入于海山因名
焉西有荆山寰宇記作韮山爾雅藿山韮者是也
高麗山○萊陽西南九十里司馬懿征遼東置戍于此
以高麗爲名俗訛作嵯峩山
火山○萊陽北三十里山多赤石故以火名已上並見
寰宇記又有倉山林寺福阜三山林寺福阜淘金之地又有獅
子峯俗傳金人詩俚甚今不取
大豁山○膠水縣西北二十里伏琛云盧鄉城東南有
豁口曰大豁山北又有小豁山
嵖岈山○膠水北三十里寰宇記云山形嵖岈故名北

與蹲狗山相接天柱大澤皆一帶山也
明堂山○膠水東北四十餘里齊記云盧鄉城東三十
里有明堂山與巨靑山連出烏頭天雄又云藥石水
出此合石瀆水北入于海
墨山○膠水東北六十里石色如墨故名水出玆山亦
名墨水
金泉山○膠水東南四十里記云出桔梗防風
鳳喙山○招遠縣北三十里本名牛心至元六年陳節
齋按部過之以其名俚故易之有詩石刻在縣治縣
北五里有湯泉阜泉出阜南極熱東流合冷泉入池
始可浴鳳喙山東有山中空俗曰虛空山又有齊山

望兒亦皆鄙俚自圖經散逸齊地山川例蒙俗惡之稱惟密州境內一山一水名存古雅蓋得坡仙手滌凡陋千載有光信賢人之澤遠矣

梓桐山○般陽府城東十餘里後有石壘圜洞古老相傳鬼谷子隱居名鬼谷洞輿略鬼谷弟子蘇秦張儀輩五百餘人鬼谷爲作窟深二丈曰有能在窟中說使泣者則能分人主之地矣秦下說之鬼谷泣下卽此洞亦有鄭康成廟金末燬于兵乙卯歲淄川令張孚重修澠水燕談云處士王樵隱此山詳見人物論梓桐東曰吉磨山出磨石有石磙井

原山○府東南七十里地志云原山淄水所出今名岳陽山淄出其陰汶出其陽非止一水也山亦跨淄川

益都兩縣界云

甲山○府西南三十里水經註萌水出般陽西南甲山東北入瀧水今訛作夾谷山謂是齊魯會盟之地非也當從水經

黌山○府北十里三齊略云鄭元刊註詩書棲遲此山上有古井獨生細草葉似薤俗謂鄭公書帶卽今黌堂嶺與長白山相連元遺山濟南行記謂因范文正公學舍在焉故謂之黌堂蓋未見古圖經耳

長白山○長山縣南三十里太平御覽云長白山者因此山雲雨長白故名之西南又有大湖山二山並有石室敗漆船上有記皆謂堯時物元和志云於陵城

西長白山高二千九百丈周六十里昔陳仲子夫妻隱此山阿有醴泉寺相傳志公卓錫之地宋范文正公讀書寺中日惟一粥偶見窖銀覆之而不取後爲西帥僧人求爲修寺公使發之取窖中銀適周於用此與還術者子白銀相類世或未之聞也上下二書堂在醴堂嶺會仙峯下皆宋代所建遺跡尚存今即寺內有范公祠舊說公母嫁齊居秋口公讀書此山相去百里往來省親劬甚後知青州悲思不自勝秋口在今顏神鎮土人亦名其處爲范公書堂按南岱東沂小泰山之外沂之蒙山密之九仙即墨之大小勞寧海之姑餘般陽之長白皆三齊高大名山也餘不得並列

濟南山

歷山〇府南五里一名舜耕山古有舜祠曾南豐齊二堂記云舜耕歷山漁雷澤陶河濱作什器于壽丘就時于負夏鄭康成釋歷山在河東雷澤在濟陰負夏在衛地皇甫謐釋壽丘在魯東門之北河濱在濟陰定陶西南陶丘亭是也以余考之耕稼陶漁皆舜之初宜同時則其地不宜相遠孟子又謂舜東夷之人二家所釋雷澤河濱壽丘負夏皆在魯衛之間東方之地歷山不宜獨在河東在齊者是也世因河東雷首山一號歷山溈水所出舜娶堯女所居遷就附益

謂歷山爲靁首之別號不考其實由是言之則圖記皆謂齊之南山爲歷山舜所耕處故其城名歷城爲信然也或者不此之論乃備載陸魯望象耕鳥耘之辯可見其贅龜蒙曰世謂舜田歷山象爲之耕鳥爲之耘聖德感召非也蓋耕者行端而履深似象步耘者舉疾而畏晚如鳥喙通典云山有太甲冢未詳歷山南屬泰山東連琅邪崇岡疊嶂脊脈不斷欽嘗有詩云濟南山水天下無晴雲曉日開畫圖羣山尾岱東走音奏海鵲華落星青照湖此濟南山勢也

廟山〇府城東南十里三齊記云因舜廟得名遺山濟南行記作妙山非是

亩山〇府南二十里按酉陽雜俎云齊郡亩山有鳥名王母使者漢武登此山得玉亩帝下山玉亩化爲白鳥飛去世傳山上有王母藥亩鳥常守之因號亩山有九十谷又名臥佛山

奎山〇府城西南十五里三齊記奎山公神似猪頭戴珠冠殷時有道士隱此野火四發道士祈天即雨今人遇旱燒山禱雨多應又北有匡山世傳太白讀書於此又北曰粟山曰藥山山出陽起石極佳故名

華不注山〇府東北十五里左傳成公二年魯季孫行父帥師會晉郤克及齊頃公戰于鞌齊師敗績逐之三周華不注又云從齊師至于靡笄之下逢丑父與公易位使公下如華泉取飲則此山亦名靡笄靡與摩同

地記又名金輿道元謂單椒秀澤不連丘陵以自高虎牙傑立孤峯特拔以刺天青崖翠發望同點黛信然山前道院中有石刻太白諸賢詩院前卽華泉水與小淸合流

鵲山○府北二十里王繪太白詩註云扁鵲煉丹于此俗又謂每歲七八月烏鵲翔集故名按扁鵲盧人近在今長淸縣地煉丹此山者是古有鵲山院見陳後山詩

黃山○府西南六十里山周如城岱陰諸谷之水奔流至山西匯爲池圍數畝不溢而伏山卽渴馬崖也伏流至府城之西而出卽趵突泉也

西龍洞山○府南六十里道元云苻秦時有竺僧朗事

佛圖澄碩學淵通與隱士張巨和居此因號朗公谷今有朗公寺亦三齊名刹歷代有碑谷有琨瑞溪水過玉符山又名玉水至祝阿入濟今溪水東西分流山中人云西發趵突東發百脈驗之信然謂逕入濟者誤也龍洞西南有方山長淸縣界疑卽水經之玉符山又西隔馬山長淸東南左傳襄公十八年晉伐齊齊侯禦諸平陰塹防門而守之廣里齊師懼夜遁夙沙衛連大車以塞隧而殿殖綽郭最曰子殿國師齊之辱也子姑先乎乃代之殿衛怨二子遂殺馬于隘以塞道欲使晉師得之卽此後人呼爲隔馬山山東北曰神林有隔馬神君祠祠南有一潭淸澈見毫髮歲旱邑

人祈聖水禱雨輒應唐宋碑刻存焉又南青崖山金亂巖侯莘義兵堡此皆古齊山今屬泰安

東龍洞山○府東南三十里山如重甗音言甑也爾雅重甗隒此山類之西洞透深一里許秉火可入東洞在萬仞絕壁之上洞口釜鬲尚存烟火之跡如墨蓋昔人避兵引絙以上中必有泉不知其深幾許耳有翠屏巖獨秀峯三秀峯峯側龍祠郡邑禱雨極應宋封靈虛公九域志又云禹登山謂禹治水嘗登

龍盤山○章丘縣南二十八里齊記云周初有神龍潛此山遂名有神跡祠姜嫄所履伏琛云宋濟南太守蕭承之立祠山上其妻亦學履而產齊帝按姜嫄炎帝後有駘氏之女高辛世妃后稷母也駘舜封稷作部元和志部在京兆武功縣路史駘在費縣南遠者去此數千里近亦五百餘里姜嫄未嫁不應至此既嫁則高辛都亳河南偃師地豈在齊乎伏琛之論尤覺誕妄

樂盤山○章丘南二十七里齊記云下有樂盤城即平陵王與章丘侯餞送之地

東陵山○章丘南二十八里龍盤山相連寰宇記云盜跖死處山南有盜跖冢

危山○章丘東北五里寰宇記云漢文帝十六年封齊悼惠王子爲齊孝王景帝三年孝王與吳楚通謀自

殺葬于此墓在山椒
女郎山○章丘東南七里又號小田山齊記云章亥有三女溺死葬此有三陽洞俗云有子張墓即章女冢所謂章丘者耳
雞山○章丘西南四十里齊記云有神雞晨鳴于此候之獲一石潔白如玉因以名焉巨合水出此山下俗名雙女泉
湖山○章丘正南五十里明秀鄉相傳古有仙翁仙婆修道此山皆得壽考今有公婆廟遇旱禱雨即應
亭山○章丘西南六十里桀死處湯放桀于南巢書傳皆謂今廬江巢縣獨尸子云放之歷山豈古有巢氏

治琅邪之石婁山齊地亦有南巢邪又桀死後其子淳維妻其衆妾遁于北野隨畜轉徙號曰葷育若桀死南方其子豈能北遁自齊奔漠則易矣隋唐有亭山縣見古蹟
啞婦山○鄒平縣西十三里俗呼啞婦山謂夫子去齊道此山婦人陽瘖以滅跡葢因孔子去魯之歌曰彼婦之口可以出走而附會此名直野語耳
大山○無棣縣東北八十里
小山○無棣西北一百二十里二山圖經弗載然濱棣瀕海廣斥無高峻之山故志
平原嶺○德州東南七十里有望遠臺壽公菴嶺上鹿

角闕

齊乘卷一

臨桂胡德琳書巢校

角關

齊乘卷一

臨桂胡德琳書巢校

齊乘卷一考證

沿革

商制九有以青爲徐○按爾雅釋地齊曰營州郭注云自岱東至海此蓋殷制邢疏云此營州則青州之地也是商之九州以青爲營于氏以濟東之徐當之誤

分野

唐一行山河兩界圖○新唐書天文志引作兩戒古字通用

沂山

酈道元水經曰大弁山與東泰山連麓洮水出焉○當作水經注後凡引酈注直稱水經者放此

仰天山

崇寧五年封濟侯○按山川神祠封號鮮有用一字者據臨朐縣志作豐濟侯

⿰山其山

元和志作箕山○按太平寰宇記作箕山非元和志

愚山

桑欽云山東有愚公冢山北有愚公谷○按水經注時水西北逕黄山東又北歷愚山東有愚公冢時水又屈而逕杜山北有愚公谷于氏割山東山北屬下句失其讀矣且此酈道元之言不關桑欽也○水經三國時人作非桑欽欽西漢末人班氏地理志引欽說

者七不言其有水經也自唐藝文志以水經爲欽作後人多承其誤惟此條以酈注屬之桑欽尤堪詫異耳

商山

崔琰述征賦云云卽此山也寰宇記以爲密州之鐵山者非是。按太平寰宇記臨淄縣鐵山引崔琰述征賦云涉淄水過相都（相都謂斟灌國故城在壽光縣東）登鐵山望齊密卽此山又于安邱縣鐵山下別引崔琰述初賦序云琰聞北鄭徵君者名儒善訓遂往造焉涉淄水歷杞焉過杞都之津登鐵山以望高密兩賦題目不同而皆有鐵山之名封演聞見記云漢末崔琰于高密從鄭元學遇黃巾之亂泛海而南作述初賦則其爲

密州之鐵山明矣（杞都之津謂安邱淳于城東北濰汶兩川所會也）述征賦或別指臨淄鐵山而言然其文在相都之下亦于道里不合于氏以在青者爲是在密者爲非未詳考也

桃山

御覽云卽華釆山也。太平寰宇記作華菜山御覽同

大小二勞山

又名勞盛山。顧氏曰寰宇記秦始皇至勞盛山望蓬萊後人因謂此山一名勞盛誤也勞盛二山名勞卽勞山盛卽成山史記封禪書七曰日主祠成山成山斗入海漢書作盛山古字通用齊之東偏環以大海

海岸之山莫大于勞成二山故始皇登之古人立言
尚簡南勞而北盛則盡乎齊東境矣

齊記云泰山自言高不如東海勞○元和郡縣志引作
太白自言高

召石山不言去縣里數寰宇記云在縣東八十五里

三齊略云始皇造石橋渡海觀日出處有神人召石下城陽一山石岌岌相隨而行石去不駛神人鞭之見血今召石山石色皆赤○按藝文類聚引三齊略記曰始皇作石橋欲過海觀日出處于時有神人能驅石下海城陽一山石盡起立嶷嶷東傾狀似相隨而行石去不速神人輒鞭之盡流血石莫不悉赤至今

亦爾今于氏引此文城陽上失一海字語意不明又按寰宇記作下城陽一十三石遣東下岌岌相隨如行狀城陽山石豈有定數恐亦誤也

金山

黃銀坑○按山海經注黃銀出蜀中與金無異但上石則色白新唐書地理志昌陽縣東百四十里有黃銀坑貞觀初得之房杜列傳帝嘗賜元齡黃銀帶曰如晦與公同輔朕今獨見公泣然流淚曰世傳黃銀鬼神畏之更取金帶遣元齡送其家是黃銀乃銀之別種非黃金也以金爲通名則可耳元史世祖本紀至元五年閏月令益都漏籍戶四千淘金登州棲霞縣

每戶輸金歲四錢此于氏所謂歲定金額者也

萬里沙

窪檸。太平寰宇記作汚檸音義與窪同

五龍山

西有荆山寰宇記作韮山爾雅藋山韮者是也。按寰宇記韮山多藋茱爾雅云藋山韮也今于氏不言山多藋茱而但引爾雅釋草之文非寰宇記本義矣藋音育本或作藋傳寫之譌

甲山

水經注萌水出般陽西南甲山東北入瀧水。瀧今本作隴朱謀㙔箋云疑當作瀧水有瀧雙二音按水經

注近世絕少善本于氏所見蓋與今本不同第二卷瀧水條下放此

華不注山

左傳從齊師至于靡笄之下則此山亦名靡笄。顧氏曰齊乘華不注亦名靡笄山非也左傳云從齊師于莘云六月壬申師至于靡笄之下云癸酉師陳于鞍曰逐之三周華不注曰丑父使公下如華泉取飲其文自有次第鞍在華不注之西而靡笄又在其西可知金史長淸縣有劇笄山。又按史記晉世家晉伐齊戰靡下徐廣曰靡一作歷故或以歷山爲即靡笄山要之非華不注之異名也

東龍洞山

宋封靈虛公。按宋元豐二年封龍洞神爲順應侯敕牒碑今尚存豈元豐後又加封公號與

亭山

桀死處。按尚書正義曰周書序有巢伯來朝鄭元云南方之國桀之所奔蓋彼國也以其國在南故稱南耳是則桀奔巢國加南字以別于北方之巢有巢氏都或云在琅邪或云在臨州其不在齊地明矣于氏多附會此尤其顯然者

齊乘卷之二

益都于欽思容纂

益都水

濰水○水經云出琅邪箕縣濰山許愼呂忱云箕屋山淮南子云覆舟山廣異名耳實一山也今淸風山在莒州莒縣北百里漢箕侯國地東北流逕仲固山折泉水入焉折泉出松山漢有折泉縣又東北逕密州城西折而北涓水合扶淇水入焉涓水出馬耳山扶淇出常山竝見水經今名亭齊河又北盧水入焉盧一名久台音怡水出盧山漢橫縣之故山也道元謂盧水側有不灰木野火燒死炭不滅又東北至巴山密水入焉密又名百尺有二

源一出障日山東坡所謂小峨嵋者一出五弩山今作鹵山又東北浯水入焉浯出高柘山高柘山今名臺頭浯水今名南淸河東北納荊水三齊記昔人堰浯入荆溉稻田萬頃荊水出荊山逕平昌故城臺下合雹泉入浯道元謂濰水過平昌臺下有井與荊水通有龍出入其中土人謂其城曰城陽城臺曰城陽臺雹泉者泉湧如雹有龍祠宋封靈霈侯疑卽古龍井又北逕龍且冢冢在濰水東岸五里淮陰囊沙處也道元謂高密碑產山西古人堰濰水以溉田散流入夷安潭亦此地今高密西有古堤南起岑冢北亙蔡冢長三十餘里謂是岑彭與蔡伯喈冢非也正古堰遺跡土人名曰趙貞女防夷安潭今名都濼古奚養澤也又北逕城陰故城西又北至安丘東北古淳于城側汶水入焉又東北過昌邑又東北入于海漢志濰或作淮故俗亦名淮河

淄水○書傳曰出泰山郡萊蕪縣原山之陰東至博昌入海按地志水黑爲淄元和志云俗傳禹理水功畢土石黑數里之中波流皆黑故謂之淄水也出今益都縣顏神鎭東南二十五里岳陽山東麓地名泉河古萊蕪地岳陽即原山也東北流逕萊蕪谷又北逕馬陵俗名長峪道按此即晉郤克追齊至馬陘賈逵曰一作馬陵俗以爲龐涓之馬陵非是出峪東流聖水入焉聖水出家桑谷又曰神泉列仙傳鹿皮公所飲者見水經又東北逕牛山折而北天齊淵水入焉又北澌平聲臨淄東城又東北逕安平故城北又東北逕樂安縣東古廣饒地又北入巨淀今淸水泊又北出注馬車瀆今高家港合時水入海淄多伏流俗謂上下有十八漏按通志略曰杜預謂淄入汶班固謂淄入濟桑欽謂淄入海考其形勢當以杜爲正豈其然乎諸說惟桑氏爲有據不特此耳宜其以水名家也

時水○通志略曰一名耏襄[illegible]年齊晉盟于耏是也其源岐淺多涸竭又名乾時莊九年公與齊侯戰于乾時是也道元曰時水出齊城西南廿五里平地出泉即如水也水色黑又名黑水今按時水之原南近淄水詳其地形水脈蓋伏淄所發土人名曰烏河西北逕黃山又北逕愚山又屈而逕杜山澅水入焉澅出臨淄西南十八里所謂澅中孟子去齊三宿出晝故又名宿留水俗謂之泥河又北逕臨淄城北系水入

焉系出臨淄城西申門即申池水也門側小阜曰包山俗又名包河並城北流分爲二俱入時一支逕梧臺前西入者曰系水一支遶至博興東南李監橋入者曰澠水詳見澠水條時水又北至般陽新城縣東南索鎮口下可通舟檝又北至博興南地名灣頭濼水會焉（濼即小清河）又東逕利縣故城（在樂安西）又東逕樂安縣北又東北由馬車瀆入海水經謂時水自西安城南石羊堰分爲二支津西北合黃山之德會水黃阜之南五里泉至梁鄒入濟旱則涸竭此乾時也今不通矣欽嘗自濟南護先妣喪由小清汎舟東下至博興泝時水南上至索鎮而登陸去益都僅九十里耳益都衆水惟此通舟未嘗淺涸焉

澠水○水經註澠水出臨淄縣北世謂之漢溱水逕博興縣南貝丘齊侯田見公子彭生處又西北入時水昔晉侯與齊侯宴曰有酒如澠指喻此水也即今臨淄西門申池水北流者勢極屈曲俗稱九里十八灣過梧臺北小泥河入焉泥河出梧臺下又北至博興李監橋入時水此正澠水也魯仲連謂田單黃金橫帶騁乎淄澠之閒此水與淄東西並流臨淄介其閒故齊侯有酒之喻田單馳騁之地淮南子謂淄澠合流易牙嘗而別之者皆指此水也古諺謂瘦馬不渡澠南燕李宣謂澠水不冰良由逼帶京城者乃濁水

耳詳見濁水條

巨洋水○水經云出朱虛縣東泰山國語謂之具水袁宏謂之巨昧王韶以爲巨蔑或曰朐瀰或曰沬實一水也今謂之洱河出沂山西麓卽東泰山也東北流至臨朐縣東南熏冶泉入焉熏冶出縣南西溪又北沙河出東阜下北來入焉又北至臨朐城東逕覆釜山又北逕委粟山水經云孤阜秀出形如委粟今名粟山又東北石溝水入焉石溝出逢山東北石澗中山卽石膏山麓三成水經名北洋盎因巨洋在南也又東北龍岡水出臨朐東北窑山東來入焉又北過益都府城東北建德水合南陽水入焉建德水出府南七里澗俗名七里河水東猶有建德村道元云建德出逢山邳泉出平地今按平地之邳泉在建德水源之東北入建德非入巨洋也南陽水見後條又東北康浪水入焉道元云康浪出劇縣西南山西流入巨洋卽今香山南狗王河三齊略曰康浪水在齊城西南十五里康衢側甯戚扣牛角歌于此今臨淄西南泥河盡水皆徵細且歌云中有鯉魚長尺半此水豈足當之寰宇記又謂康浪水在淄州皆不可信當從水經云又北逕巨昧店耿弇追張步處又東北逕辟閭渾墓俗名釣魚臺又東北逕故益縣城古別出一支爲百尺溝道元謂西北入巨淀者此溝也今廢又北逕壽光縣東北水經云舊有孔子問經石室卽蒼頡墓也堯水入焉堯一名蘻又名青出府東南七十里角崩山又東北由黑冢泊入海黑冢泊述征記謂之烏常泛齊人名湖爲泛冢卽秦皇望海臺也余按漢志石

膏山洋水所出東北至廣饒入巨淀卽此水也但因北洋而誤其源因支津別出而誤云入巨淀會肇南洋橋記乃以洋爲南陽非也洋爲齊之大川故以巨名道元所謂羣書盛言孟堅不應捨大而志小

南陽水○水經註長沙水出逢山北阜世謂之陽水北注濁水逼名爲陽而有南陽北陽之論又云逢山卽石膏山麓三成壁立直上余按南陽水出府城西南二十五里石膏山卽逢山之西麓也東北逕廣縣故城西又東北石井水注之水出劈頭山北流注井積石高深瀑布而下故曰石井亦謂之石子澗卽今之瀑水澗也時有通塞南陽水又北而東貫益都南北兩城閒西逕表海

亭東逕故城陽王廟基古人自廟東堨斷使北注濁水今復東流十五里合建德水入巨洋

北陽水○漢志曰爲山濁水所出東北至廣饒入巨淀水經謂之北陽亦謂之澠水出府城西南三十里九回山俗名九扈古廣縣爲山也東北逕五龍口又北逕廣固廢城行於絕澗之底水激而岸峻古諺謂瘦馬不渡李宣謂逼帶京城皆指此也又北逕堯山東至東陽城北又東北逕石槽城又東北逕臧臺又北至樂安東北獾河口合女水女水後條又東北入巨淀○會肇南洋橋記曰俗呼洋水有二曰南洋河今橋所在是也曰北洋河距城北二里者是也北洋傳記無文今

出九回山入淄水（此水不入淄）在齊記謂之澠水道元則曰羣書盛言洋水出臨朐陽水導源廣縣兩縣雖鄰川土不同於事疑焉然則洋分南北當後魏時已不能知況後世哉今辨之曰羣書盛言出臨朐者此巨洋也漢志失其源委耳南陽自爲長沙水北陽自爲濁水導源廣縣者是也曾氏乃因漢志石膏山之洋水而以陽爲洋誤矣蓋石膏山與逢山連麓長沙水（即南陽水）出其西石溝水（即北洋水）出其東洋水自出臨朐沂山漢志讀如詳與蜀之洋州同音故水經稱洋水則有巨洋北洋稱陽水則有南陽北陽稱南洋者無之俗所誤矣四水雖以音同致疑源流可攷惜乎曾氏

之不察也

天齊淵○漢志曰齊所以爲齊以天齊也秦祠八神一曰天主祠天齊天齊淵居臨淄南郊山下五泉竝出南郊山即牛山也按此淵在臨淄東南八里淄水之東女水之西平地出泉廣可半畝土人名曰龍池西南流入淄水牛山在淄水南遙以爲志耳蘇林註曰當天中央齊也顏監曰謂其衆神異如天之腹齊齊記補引晏子曰吾聞江深五里海深十里此淵與天齊淵中浮出瓦有天齊字魏永平中水潰出木五北齊天保中又出木四皆五采類松柏而香搆亭水上臨淄俗上巳祓禊于此有神祠曰休應之廟余按六

書故齊本作𠀤亦作亝象禾穀之秀齊也引之為整齊齊一又為國名借為人之腹齊莊子達生篇曰與齊俱入與汨俱出齊者水之旋紋今人謂之旋窠狀類腹齊豈淵泉竝出旋流如齊以其祠天稱曰天齊邪抑天然淵水猶曰齊之天淵云耳且臨淄非天地之中何謂天之腹齊深與天齊尤覺誕妄

女水○水經云出東安平縣蛇頭山又名鼎足山今臨淄東南十五里俗呼二王冢者因山兩墳謂是桓公與其女之冢水出冢側因以名焉然此水通塞不常出則逕石槽城東北入北陽水水經云女水至安平城南伏流十五里然後更注陽水今石槽城古安東平

北平地出泉俗名馬臺河至樂安東北獾河口合北陽水入巨淀土人云此即二王冢水伏流者未知是否齊記補引黃石公記云東海龍女隱于此石室尚存將還作此水甚有神焉化隆則水生政薄則津竭述征記亦有此說恐未必然通鑑作汝水南燕汝水竭即此水也

汶水○水經出朱虛縣小泰山今沂山絕頂穆妃陵側有瀑布泉懸百丈崖而下即汶水也東流循鳳凰嶺折而北逕大峴山陰峴水入焉穆陵關北之水又北逕蔣峪口有水出峪中西來入焉水經有峿山水以為汶源疑即此水又北逕龜山陰山形如龜臨水乃折而東逕柴阜水經注阜南管寧冢阜北邴原冢

又東北逕安丘南牟山水經注山西孫嵩冢又東北逕安丘城西又東北入于濰水經注古淳于縣濰汶交會處是也顏監曰前言汶水出萊蕪入濟今此又言出朱虛入濰將桑欽所說有異或者有二汶乎余按入濟之汶見禹貢論語之汶上書傳謂之北汶卽今大清河入濰之汶見漢書入沂之汶見水經齊有三汶清河爲大述征記泰山郡水皆名汶有北汶嬴汶柴汶牟汶皆源別流同又在三汶之外

丹水○竹書云堯放丹朱于丹水朱虛縣有丹山一名凡山黃帝所禪又名堯山下帶長阪曰破車峴東西二丹水出焉記謂丹朱弄兵之所今按西丹出丹山在臨朐縣東北三十里東丹出方山在丹山東北寰宇記丹山角崩方山遠望正方二水皆北流至昌樂廢城西北乃相合通名爲丹河北入于海寰宇記丹水入昌樂縣界引以溉田今按齊地衆水可引溉者極多古人陂渠遺迹猶有存者自金人入中原民俗偷惰爲政者何慮及此然則史令所譏豈特西門豹也哉

白狼水○水經註出丹山逕北海郡城東入別畫湖亦曰朕懷湖東北入海余按白狼有二源一出丹山隋志作白狼山一出北海縣南小王莊平地泉湧如輪上源合此始大逕濰州東門外古有石梁金泰和間僧普濟所修遺迹尚存又東北過寒亭合溉水入湖由湖入海溉水出塔山寰宇記云山形如塔又名溉源山卽今東虞河以州西有西虞河故[illegible]山又有朱流河出

方山七里河出蒙姑山三水皆在州西北流入海

巨淀馬車瀆○漢志曰爲山濁水所出東北至廣饒入鉅定又曰馬車瀆首受鉅定東北至琅槐入海定作淀水澤名縣因氏焉卽今樂安東北清水泊也北出爲馬車瀆今高家港也淄水濁水入巨淀時水入馬車瀆同歸于海南洋橋記乃以鉅定爲巨洱河今巨洱自壽光東北入黑冢泊巨淀馬車在壽光西北相去六十餘里不合漢書首受鉅定之文濁水亦無入巨洱之理曾子開誤矣溝洫志東海引鉅定溉田鉅定澤名東海無此澤寰宇記膠水南定渚渠卽漢武所耕處非東海地

膠水○水經云出黔陬膠山今膠州膠西縣西南鐵橛

山也北逕密州東北鹵山古名五弩山鹵水入焉寰宇記膠水出密州諸城縣東崦山或亦曰膠水出鹵山皆非是又北逕高密縣東北入都濼都濼者水經謂之夷安潭秦地圖謂之劇清池卽古豯養澤也張奴水出高密東皁下亦注此澤自澤北出注新河張奴水一名墨水水側有張奴店由河北入于海其東北入海者膠水之故道差淺而新河爲經流新河者至元初萊人姚演建言首起膠西縣東陳村海口自東南趍西北鑿陸地數百里欲通漕直固海口數年而罷余嘗乘傳過之詢土人云此河爲海沙所壅又水潦積淤終不能通徒殘人耳演眞鄭國之罪人也

與沭相通（道元謂辟陽水首受葛陂水入沭者蓋此水也今沂州東北有葛溝也）又南至沭陽縣入桑墟湖（烏侯切道元謂桑墟水出襄賁東入沭湖因此名元和志云碩濩湖在沭陽縣東八十里與朐山漣水三分湖爲界今訛作桑口湖）由湖東出入于海沭水至此正名漣水故縣氏焉道元又謂沭水下流古分爲二（今名南漣北漣）魏正元中齊王鎮徐州立大堰遏水西流兩瀆之會置城防之名曰曲沭戍其流西入淮陽由下邳入泗余按宋金相拒宋人亦堰此水乃防北敵遺迹在今海寧沭陽界中

泇水○（音加俗作去聲讀）泇水有二東泇出沂州西北其山（城內普照寺有金僧居山頌碑作其山）南流至卞莊站（國初立站今廢）東分一支入芙蓉湖溉田數千頃湖在沂州東南芙蓉山下香

粳鍾畝古稱琅邪之稻即此西泇出嶧州東北抱犢山東南流至三合村與東泇合（又有魚溝水出浮丘山合于此故名三合）南貫四湖溉田倍芙蓉又南合武河入于泗謂之泇口淮泗舟楫通焉元和志云承縣界有陂十三所皆貞觀以來修立以溉田者今沂嶧二州仰泇承二水溉田青徐水利莫與爲匹皆十三陂之遺迹也武河者疑即漢志冠石山之武水水經亦謂之小沂上流有故渠俗名文河土人云浚此渠六十里使武河通沛可避呂梁徐洪之險而徑達新濟矣徐邳人恐徙河無業每沮之

承水○（音澄縣名）漢元和志云承縣以西北承水得名寰宇

記云承治水出縣西北方山王莽改承縣爲承治故水有此名今又訛爲承治本出嶧州北六十里花盤山之車梢峪源曰滄浪淵淵旁有龍祠宋政和間賜額霖澤廟其水南流合許池泉今滄浪淵水微細不及獨許池爲正源矣承水又南逕州城西門又南納金注河又東會武河南入于泗承水溉田千餘頃旁多美竹人賴其利

南梁水○後漢志魯郡蕃縣蕃音皮有南梁水道元曰蕃縣東北平澤泉若輪焉南鄰于漷亦謂之西漷水首受蕃縣西注山陽湖陸二水皆由沛入泗今按南梁水出滕縣荆溝村西南流至滕州東門外折而過城

北又西入山陽湖山陽俗曰刁陽由湖南出注于泗南有薛水即古漷水出州東高山春秋魯取邾田自漷水杜註水出東海合鄉縣西南經魯國至高平湖陸縣入泗葢此水也又有沙河水出鄒嶧山皆西南流至山陽湖與南梁相合同入于泗名三河口

般陽水

籠水○水經註作瀧水南出長城中寰宇記云古名孝水齊有孝婦顏文姜事姑孝養遠道取水不以寒暑易心感得靈泉生于室內文姜常以緝籠葢之姑怪其須水即得値姜不在入室發籠觀之水即噴涌壞其居宅故俗呼爲籠水今孝婦河也出益都縣顏神

鎮孝婦祠下（古齊長城踰泰山東至于此）西逕萊蕪山陰北注般陽城西般水入焉般亦名左阜水出淄川縣東南龍山龍灣洞俗名頭河西北流至般陽城東分為二一支逕城南一支環城西北俱入籠故水經云般陽縣在般水之陽也籠水又北逕長山縣西又北逕鄒平縣東棠河水入焉棠水俗名沙河出長白山葫蘆峪水經謂之魚子溝又北逕新城縣西又北入小淸河

濟南水

濼水〇（源曰趵突流曰濼東導曰小淸）曾南豐齊二堂記曰泰山北與齊東南諸谷之水西北匯于黑水之灣又西北匯于柏崖之灣而至于渴馬之崖則洎然而止（今黃山下）自崖以北至于歷城之西蓋五十里有泉湧出高或致數尺名曰趵突之泉齊人謂嘗有棄糠于黑水灣者見之于此其注而北則謂之濼水春秋桓公十八年會齊侯于濼是也今府城西平地泉源騰湧雪濤數尺聲如隱雷旁合馬跑金線諸泉周可數畝北出又合蜜脂五龍衆泉竝城北流屈而東至城北水門大明湖水出而注之東北至華不注山合華泉（即齊頃公下如華泉取飲者三齊記云歷山下有無底井與此泉通）山之西南引水漑田水經謂之歷水陂餘波西注大淸曰聽水即今之響河古濼水自華不注山東北入大淸河僞齊劉豫乃導之東行為小淸河自歷城東逕章丘鄒平又東逕般陽之

長山新城又東逕高苑至博興合時水東北至馬車
瀆入海曲行幾五百里故自濟南東傳博興南源衆
水古入濟者今並入小清焉○小清爲運鹽河初行
高苑縣北金皇統間縣令高通改由縣南長沙溝然
此水迂曲上流岐淺鹽舟多梗議者欲引孝婦水西
注上流非計也葢小清舟不過欲達大清耳若自博
興引渠至蒲臺立堰平原僅五十里徑達大清矣
大明湖○水經註濼水北爲大明湖西有大明寺水成
淨池池上有亭湖水引瀆東入西郭而側城北注又
上承東城歷下泉源競發北流出郭注濼水詳此則
大明湖亦源于濼城西五龍潭側古有北渚亭豈池

亭遺跡邪湖今在府城内周十餘里卽歷下泉源競
發北流出郭者也歷下名泉有曰金線趵突東曰皇華
曰柳絮曰臥牛金線東曰東高曰漱玉金線南曰無憂曰
石灣趵突南曰酒泉曰湛露無憂西曰滿井曰北煑糠趵突
北曰北珍珠白雲樓前曰散水曰溪亭北珍珠東曰濯纓北珍珠西
曰灰泉濯纓西北曰知魚灰泉東南曰朱砂灰泉西府城內灰泉最大自北珍珠
以下皆匯于此周回廣數畝當是大明湖之源也曰劉氏北珍珠西北曰雲樓劉氏
南曰登州曰望水萬竹園內曰洗鉢登州東北曰淺井曰馬跑
洗鉢西南曰舜泉舜祠下曰香泉舜泉西曰鑑泉舜泉南曰杜康
南舜廟曰金虎曰黑虎李承務巷曰東蜜脂金虎西南曰西蜜脂
東蜜脂西曰孝感孝感坊內曰玉環同知巷前今憲衙街曰羅姑塲行街東曰

涅沙曰灰池（城西南角場下）曰南珍珠（鐵佛巷東）曰芙蓉（姜家亭前）曰滴水（又名清泉西務北）曰灰灣曰懸清（城西五龍堂東）曰雙桃（城西丁字街北）曰溫泉（城西石橋北城下）曰汝泉（神童寺內）曰龍門（一名龍泉神童寺東）曰染池（龍門東）曰懸泉（中宮東）曰都泉（中宮東南）曰栜泉曰車泉（中宮東遠東莊）曰煑糟（四里山南）曰爐泉（南山下）曰白虎曰甘露大佛山曰林汲（佛峪內）曰白泉（王舍店北）曰金沙曰白龍（龍洞山中）曰花泉（張馬泊）曰獨孤（靈巖寺）曰醴泉（贊堂嶺北）曰漿水（盤水鎮東）南曰南煑糠（蟎山窩北）曰苦苣（栜鋪東）曰熨斗（黎峪門家莊）曰鹿泉（石固寨）曰龍居（長城嶺西）合趵突百脈總七十二見名泉碑然遠至中宮靈巖諸泉具載而華不注之華泉明水鎮之淨明泉皆失不取況其名亦未甚雅稱益殘

金俗筆欽嘗擬會波樓記略云濟南山水甲齊魯泉甲天下盖他郡有泉一二數此獨以百計濤噴珠躍金霏碧渟韻琴筑而味肪醴不殫品狀在邑者瀦市之半在郭者環城之三棊布星流走城北匯于水門東流爲濼迨于汶過于時入于海可槩見矣

百脈水○水經出土鼓縣故城西元和志出亭山縣東北（亭山在府城東南九十里）源方百步百泉俱發故曰百脈即繡江源也郡國志云十二斤溝俗名麻灣出章丘縣南明水驛明水一名淨明泉出百脈西北石橋邊其泉至潔纖塵不留土人以洗目退昏翳與西麻灣水合流三里餘入繡江乃東北流逕東陵山漸章丘東城

又北入小清河縣東七里有楊緒水一名獺河水經云出逢陵故城西南逕章丘城北入濟水今按獺河出長白山之王村峪逕章丘東北入小清河○曾南豐齊二堂記云泰山之北與齊東南諸谷之水西北匯于黑水之灣又西北匯于柏崖之灣而至于渴馬之崖泊然而止至歷城西湧出趵突之泉嘗有棄糠于黑水灣者見之于此其注而北謂之濼水齊多甘泉顯名者十數而色味皆同皆濼水之旁出者蔡氏援此以證濟水之伏破程氏之論當矣又取沈存中筆談謂歷下發地皆泉濟水經過其下自相矛盾何邪且古濟行清河如在井底南仰泉源遙在山麓豈能相及今黃山渴馬崖水伏而可證又龍洞山中朗公谷諸水東西伏流土人云西發趵突東發百脈驗之信然蓋歷下衆泉皆岱陰伏流所發西則趵突爲魁東則百脈爲冠地勢使然何關于濟存中得之傳聞九峯按圖索駿容有疑誤近官濟南者遂定以濼爲濟建濟瀆廟于泉上謬矣

巨合水○水經註巨合水南出雞山北逕巨里故城耿弇討費敢處又北合武原水入濟按巨里在歷城東七十里自宋爲龍山鎮巨合水出鎮南五十里曰榆科泉逕巨里西武原水出鎮南十餘里曰江水泉逕巨里東俗訛爲東西巨冶河俱北流五里餘乃相合

北入小清河巨合之得名以此道元云巨里三面有
城西有深坑坑西即耿弇營蓋二水環繞因崖以城
爲險固也
大清河○（古濟今汶）水經註濟枯渠注巨野澤澤北則清水
巨野今梁山泊也北出爲清河古自壽張縣安民亭
（亭北對安民山今日安山）合汶水汶出泰安萊蕪縣原山之陽水
經謂之北汶西南逕徂徠山陰又西逕泰山之陽漢
武明堂遺跡臨水謂之石汶又西逕汶上縣北又西
逕東平城南其西即安山閘閘下泥河口有亭子店
古安民亭遺趾清濟與汶合處今閘清水南導任城
則清濟不入汶汶自行古清河矣汶水又北逕漁山

東即瓠子歌之吾山在安山東有漢隄遺跡自西而
東屬之麓山西曹子建冢山東漢黃河故渠又北逕
陽穀縣西流水合狼水入焉又東北逕東阿縣道元
云縣東北有清亭春秋隱四年遇于清以河得名也
又東北逕平陰縣廣里保古齊長城防門河道所由
春秋齊侯塹防是也廣里見水經又名光里又北逕
巫山齊侯登以望晋師者俗訛作無兒山山上有石
室水經謂之孝子堂今曰郭巨廟清水過此古爲湄
湖又東北逕齊河縣縣南門外有梁跨水古朝陽橋
遺跡耿弇渡處（齊河縣在宋爲耿濟鎮）沙溝水出山茌縣南來
入焉（今肥城縣東南有沙溝鎮以水得名）又北逕上濼橋北濼水分響

河入焉（古名聽水）又東北逕華不注山陰又東逕下濼堰濼水舊入濟處堰南卽小淸河又北逕臨邑縣又東北逕濟陽縣又北逕齊東縣（河間路屬縣古東鄒）又東北逕蒲臺縣又東北逕高苑縣北又北逕利津縣城東又東北入于海（水經云濟至古平安爲淵渚謂之平州沉又東北至琅槐鄉有古黃河逼濟枯渠謂之漯河又東北入海元和志謂海浦浦旁有一沙阜高丈餘俗呼闞口淀濟水入海與海潮相鬭故名淀上有井極甘海潮不能没）朱子韓文考異曰按水經河水至東阿茌平等縣東北流四瀆津灌注之河水東分濟水受河菑滎口水斷不通始自是出與淸水合昔趙殺鳴犢孔子臨河而歎作歌曰狄之水兮風揚波舟楫顛倒更相加歸來歸來胡爲期按臨濟故狄也是濟所經得其通稱詳此則是濟水自滎澤之下潛流至此四瀆津口而復出河又東分一支與之合流以過臨濟而爲狄水然此皆齊地在今濟鄆之閒史記以爲孔子自衛將西見趙簡子則其道不當出此此又不可曉者今姑闕之以俟深于地理者考焉欽按漢陳畱郡平丘縣有臨濟亭故狄也菑濟水出陶丘北南瀆被孟豬北瀆注巨野亭臨此瀆故曰臨濟春秋時狄人據此因以名焉此水夫子所歌至王莽時枯竭水經所謂濟枯渠注巨野者也其自巨野北出至四瀆津與河合流者乃齊之淸河水經所謂得其通稱者是也漢千乘別有狄縣安帝更名臨濟唐又別以漢

東朝陽爲臨濟今章丘之臨濟鎭也文公蓋疑于此云

古河○朱文公九歌註曰禹治河至兗州分爲九道以殺其溢其閒相去二百餘里徒駭最北鬲津最南徒駭是河之本道東出分爲八枝也胡氏大記曰大陸澤北九河之地平延漫流易淤故禹多與之地使下流通曠齊桓擅一時之利適河行徒駭因以八河之地充樹藝立城邑下流始迫溢爲患欽按河過大陸趨海勢大土平遷徙不常自播爲九禹因而疏之非河獨行經流禹于旁近支鑿以殺其溢也禹後歷三代至齊桓時千五百餘年矣支流漸絶經流獨行亦

理勢如此非齊桓自曲防之禁故塞九河實九河自爲平陸可樹藝耳至定王五年河遂南徙砱礫漢世漸決而南元帝永光中決于清河分流入博州後又決于平原乃東入青齊二州之境遂由漯川與濟竝行入海宋紹熙以後乃南連大野并泗入淮金初又改由渦近歲復由泗入淮河濁淮泗俱淸淸淮勢大可以吞伏故下流無淤塞之患惟汴宋之郊盤屈平壤潰決如故自定王以來又千五百餘年河自北而南徙千餘里今按桑田之地講求變遷之陵谷欲盡合古書難矣漢世去古未遠河隄都尉許商言九河故道謂徒駭在成平（金獻州樂壽縣景城鎭古有成平城）胡蘇在東光

今景州東光縣東連滄州古有胡蘇亭鬲津在鬲縣德州有鬲縣城曰太史曰
馬頰曰覆釜在東光之北成平之南曰簡曰潔曰鉤
盤在東光之南鬲縣之北斯言簡而近實後世圖志
雖詳反見淆亂欽嘗往來燕齊西道河間東履清滄
熟訪九河故道蓋昔北流衡漳注之今之御河漢初猶入河漢魏時
名漳水隋唐以來名御河河既東徙漳自入海安知北流之漳非
古徒駭河歟宋會要神宗熙寧三年議開御河臣寮奏云可于恩州武城縣開約二十餘里
入黃河北流故道下五股河詳此則御河入黃河北流故道無疑也踰漳而南清滄二
州之間有古河隄岸數重地皆沮洳沙鹵太史等河
當在其地滄州之南有大連澱今曰大梁五龍堂宋碑作大連疑即隋末
羣盜所據之豆子䴚也西踰東光東至海此非胡蘇河歟澱南

至西無棣縣百餘里間有曰大河曰沙河皆瀕古隄
縣北地名八會口土人云因河會得名縣城南枕無棣溝茲非
簡潔等河歟無棣溝通海隋末廢塞唐薛元鼎開之百姓歌曰新河得通舟楫利直達滄海
魚鹽至昔日徒行今騁駟美哉薛公德滂被凡此溝澱今皆爲鹽司堰塞平時瀦水不通纔遇霪雨水迎
潰溢故河間清滄之地常被水害無有寧歲吾友伯答爾都水嘗言撥丁河數場䴚課與山東運司帶辦
廢堰泄水則河間永無患矣執政無識竟沮之良可歎矣東無棣縣北有陷河闊
數里西通德棣東至海茲非所謂鉤盤河歟德州有盤河鎮
濱州北有士傷河西踰德棣東至海茲非鬲津河歟
士傷河最南比他河差狹是爲鬲津無疑也所謂上傷者士
人云昔日戰場因傷賢人故云按水經漢安帝時劇縣賊畢豪等乘船寇平原縣令劉雄門下小吏所輔
浮舟追至厭次津戰敗爲賊所擒輔求代雄豪縱雄殺輔于此津蓋此河也蔡氏書傳乃

曰自漢以來講求九河皆無依據祖王横之言引碣石爲證謂九河已淪于海欽按禹貢文北過洚水至于大陸又北播爲九河同爲逆河入于海大陸在邢趙深三州之地爾雅之廣河澤也去海岸已數百里大陸又曰鉅鹿呂氏春秋曰鉅鹿之北遂分爲九河路史云九河始元城大名縣西三里有故瀆鄭夾漈謂大陸非趙地之廣河澤乃汲郡之吳澤也如此則又遠之矣又東至海中始敍九河則大陸與九河相離千里如是之遠而絶無表志不合禹貢之文其不可信一也王横謂海溢出浸數百里而青兖營平郡邑不聞有漂没之處而獨浸九河其不可信二也今平原迤北清滄之間雖爲樹藝城邑相望而地形河勢高隱曲折往往可尋但禹初爲九厥後或三或五遷變多寡不同必欲按名而索故致後儒紛紛之論不得不辨

海○海岱惟青州謂東北跨海西南距岱跨小海也本名渤海亦謂之渤澥海別枝名也葢太行恆嶽北徼之山循塞東入朝鮮今高麗海限塞山有此一曲北自平州碣石南至登州沙門島是謂渤海之口闊五百里西入直沽幾千里焉漢王横乃謂九河之地淪爲小海然則唐虞之時青州跨海者何海邪且海溢出浸數百里河自秦漢以來青兖營平郡縣不聞有漂没之者足證横失海溢者有之横言之過也近世蔡氏書傳金履祥通鑑前編皆祖横説又謂小海所

淪青兖北境悉非全壤豈二州北境有荒漠棄地爲海所漸而歷代信史不之書邪無是理也蓋因委九河於海中指碣石在海外遂有此論今青境無缺玆不必辨古兖之地自今濟南以西北包濱棣滄瀛帶雄鄚西襟深冀南逺曹濮東括魯鄆四至亦不狹矣在春秋戰國其地瓜分後世從而小之未詳考也金氏又云碣石有二在高麗者曰左碣石在平州者正禹貢之右碣石也乃今沙門島對岸之鐵山正當渤海之口果爲右碣石則唐虞之時青兖東北直岸大海無渤海矣此又可信邪今齊境東南則日照卽墨膠州正東則寧海登州皆岸大海東北則萊濰昌邑正北則博興壽光西北則濱棣二州皆岸渤海云

齊乘卷二

錢唐周嘉猷兩塍校

齊乘卷二考證

濰水

折泉水入焉。漢書地理志王子侯表並作折泉水經注及太平寰宇記作析泉第四卷折泉城放此

漢志濰或作淮故俗亦名淮河。顧氏曰濰水土人名爲淮河齊乘諸城志云云並誤諸城志謂水從㰀根出故以音同呼爲淮河愚按古人省文濰字或作維或作淮總一字也漢書或作淮者从水从鳥隹之隹即濰字而省其中糸耳今呼爲淮則竟爲江淮之淮从水从佳人之佳差之毫釐失之千里矣。地理志琅邪郡朱虚下箕下作維靈門下橫下折泉下作淮序文引禹貢惟甾其

道又作惟一卷之中異文三見其旁並从鳥隹之隹則一爾

時水

道元曰時水出齊城西南二十五里。近刻水經注作西南北二十五里衍北字戴東原訂本作西北誤

石羊堰。今水經注本作石洋

巨洋水

王韶以爲巨蔑。當作王韶之

石溝水水經名北洋。按水經注以石溝爲漢志之洋水無北洋之名道元謂巨洋又東北洋水注之自以東北二字相屬爲文非云北洋也于氏蓋緣此致誤

耳

堯水一名䴵又名青○按水經注堯水即䴵水北逕嵎山東俗亦名之爲青水矣青水館本據永樂大典作青山則是嵎山之異名非堯水之別號矣

南陽水

石井水出劈頭山北流注井積石高深瀑布而下故曰石井即今之瀑水澗也○按石井水有二源其東源出李堡峪在劈頭山之陽峪南山俗名李傀山或云醴泉之譌也李傀山西阜之西爲黄峪西源所發也兩峪皆有石井竅穴深透村人略加椎鑿以通綆瓶而西源特盛當夏秋霖潦之時水溢出井西北流逕故廣縣城東爲瀑水澗古名石井水者目其源也自水經注誤以積石瀑布爲井于氏因之非穴地出水之義矣

天齊淵

抑天然淵水猶曰齊之天淵云耳○按此條及沿革下竝引漢志曰齊所以爲齊以天齊也若云齊之天淵則是以國名水非以水名國矣此可見著書不自牴牾之難也

女水

出蛇頭山又名鼎足山○元和郡縣志作鼎定山或傳寫之誤

通鑑作汝水。按女水無汝名通鑑文誤辨見胡身之注

汶水

折而東逕柴阜水經注阜南管寧冢阜北邴原冢。據水經注當云柴阜西南有管寧冢東有邴原冢

入濟之汶見禹貢書傳謂之北汶即今大淸河。此未盡然辨見大淸河條下

入沂之汶見水經。汶非徑入沂此誤讀水經注也見沂水條下

丹水

寰宇記丹山角崩方山遠望正方。按寰宇記引晏謨齊記云劇城東南有方山遠望正方無丹山角崩之文

膠水

直固海口。即直沽已見釋音

沂水

道元曰沂有二源一出祚泉山一出魚窮山。按水經注云沂水有二源南源所導世謂之柞泉北水所發俗謂之魚窮泉俱東南流合成一川則柞與魚窮皆泉名非山也柞書作祚亦誤

桑泉水出五女山南流納堂阜水又南合蒙陰水通名爲汶河東注沂。按水經注桑泉水又東南與叟崮

水合水有二源雙會東導一川俗謂之汶水也東逕
蒙陰縣注桑泉水是酈注云俗名汶水者乃叟崮水
入于桑泉桑泉自入沂水今于氏以桑泉水爲汶故
前汶水條下云入沂之汶見水經誤矣

沭水

逕⿰山其山⿰山其水入焉。⿰山其當依水經注作箕
溫泉出沂州東北湯山古名溫水阪。溫水阪水經注
作溫泉陂
武陽溝水東入沭。據水經注當云西入沭
羽山元和志在臨沂縣東南百十里。按元和郡縣志
羽山在朐山縣西北一百里太平寰宇記兩載于朐
山臨沂縣下一云在朐山縣西北九十里一云在臨

沂縣東南一百一十里于氏誤引作元和志耳
道元謂桑堰水出襄賁東入沭。今水經注本作桑堰
水
魏正元中齊王鎮徐州。正元當作正光此沿水經注
誤本而譌

泇水

武河疑卽漢志冠石山之武水。漢書地理志泰山郡
南武陽下云冠石山治水所出南至下邳入泗應劭
地理風俗記乃云武水所出水經注謂之異名也

南梁水

後漢志魯郡蕃縣有南梁水。郡當作國又按漢書地理志魯國蕃縣下云南梁水西至湖陵入沛渠濟渠之譌不應舍前書引後志也。范書無志劉昭取司馬彪續漢書志補之此條後漢志亦當作續漢書志

二水皆由沛入泗。沛當作濟字本作泲故漢書地理志及水經注並譌作沛以字形相似而誤

濼水

三齊記云歷山下有無底井與此泉通。太平寰宇記引作續述征記非三齊記也

華不注山之西南引水溉田水經謂之歷水陂餘波西注大清曰聽水即今之響河。胡書巢歷城縣志曰

按水經注云陂水上承東城歷祀下泉陂本作湖并脫一泉字今依館本據永樂大典改正泉源競發其水北流逕歷城東蓋是時歷城縣故城甚小在今縣治西南偏不過今城三分之一所云左水西逕歷城北西北為陂此則宋以後所稱為大明湖者下方云謂之歷水與濼水會則二水皆在當日之城外明矣又云又北聽水出焉聽水自注巨合水入濟水經注甚明齊乘以濼之下流名曰響河者當之非也

大明湖

水經注云云。按水經注云濼水北為大明湖湖水引瀆東入西郭東至歷城西而側城北注此言濼水匯

爲大明湖又東北流也又云陂水上承東城歷祀下泉泉源競發其水北流逕歷城東又北引水爲流杯池分爲二水右水北出左水西逕歷城北西北爲陂謂之歷水與濼水會此言歷水受東城泉會于濼水也又云又北歷水枝津（此六字今本誤）首受歷水于歷城東東北逕東城西而北出郭又北注濼水此言歷水枝津入濼水卽上文所云右水北出者也敘次致爲明析而于氏此條所引于側城北注下徑接云又上承東城歷下泉源競發北流出郭注濼水是殆混大明湖與歷水陂而一之矣蓋思容知大明湖爲濼水所匯而不知今湖所在實古歷水陂與水經注之明

湖無涉故其說遷就附會不能了了耳（陂水上承東城歷祀下泉今本譌作湖水故于氏誤以爲承上文湖水引瀆東入西郭而言也）

湖今在府城內○歷城縣志曰水經注云濼水北爲大明湖則大明湖自在城西南蓋濼源左右前後發地皆泉其瀦爲湖卽去濼源泉不遠今此地半爲衢肆蓋後人築土水中爲之耳求其地而不得乃以今城內之湖當之其誤蓋自金元以前矣

百脈水

楊緒水○今水經注作楊渚溝水按太平寰宇記及金史竝作楊緒或古今本有不同第四卷甯戚城條下放此

大清河

古濟今汶○閻百詩曰自漢至隋唐惟有濟水杜佑始有清河之名宋南渡後始有大小清河之分齊乘以大清爲古濟水而以小清爲劉豫所導後人皆沿其說其實非也禹貢錐指云清河東流既微故劉豫堰濼水使東以益之以水經注元和志寰宇記諸書考之濟水最南濼水在中河水最北今者小清所經自歷城以東如章邱鄒平長山新城高苑博興樂安諸縣皆古濟水所行而大清所經自歷城以上至東阿固皆濟水故道而自歷城東北如濟陽齊東青城諸縣則皆古漯水所行蒲臺以北則古河水所經此東漢以後之河至利津縣古千乘海口入海者也蓋唐宋

時河行漯川其後大清兼行河漯二川其小清所行則斷爲濟水故道也○按汶水舊于東平州西南安民山入濟則由東阿而北東至博興入海者皆濟水矣濟水故瀆自壽張以上不可復尋水經注所謂枯渠注鉅澤北則清口者今其地已爲會通河所横絶而汶水不復入濟會通河者元世祖至元二十年自濟寧開河至安民山導汶水入洸與泗沂會二十六年又自安民山開河至臨清分汶水屬之漳御以達天津通謂之會通河是時汶水既南北分流以資運道而濟水故瀆之東北出者所受汶水乃其餘波蓋大清河雖首受運渠實合東阿山中西流白鴈諸泉

及濟南諸泉峪之水以成巨川未可竟以汶水目之自杜佑通典謂清河爲菏澤汶水合流非本濟水于氏因之直云北汶卽大清河矣夫汶水自泰安至東平堰入運河自有經流而東阿膠井歷下濼源等泉昔人咸以爲濟水之伏則清河雖非滎澤陶邱之舊亦他水之所不得而亂也明永樂九年築戴村壩于東平盡遏汶水出南旺湖南流合泗沂者十之四北流合漳衛者十之六其由滅水閘以被于大清者涓流殆絶而歲旱運河乏水之時大清亦不聞涸竭豈可專汶之名哉

水經謂之北汶。按水經注汶水又南右合北汶水水

出分水谿所謂北汶者汶之别源非通名出萊蕪入濟者爲北汶也蔡氏書集傳始有北汶之目于氏誤舉耳

汶水又北逕漁山東。當作魚山从水誤

又北逕臨邑縣。按大清河至歷城東北卽入濟陽縣界不逕臨邑蓋臨邑漢漯陰縣地大清所行爲漯水故道則臨邑本其所經自金初置濟陽縣分臨邑疆域之半而邑境無清河矣

水經云濟至古平安爲淵渚謂之平州沉。今本無沉字戴本作坑乳勇切

朱子韓文考異云云。此條所引多誤以朱子原文校

之凡數事一原文引水經河水東北流四瀆津下接注云二字謂酈善長注文也今改作灌注之三字而刪其釋四瀆之名者一原文孔子歌曰歸來歸來胡爲斯今誤作胡爲期一原文是濟所逕得其通稱也下接又云濟水逕臨濟縣南九字今刪去一原文然此皆濟也今誤作皆齊地按孔子時大河過東昌堂邑縣西不逕茌平水經注以四瀆津爲孔子臨河不濟之地固非而其引臨濟故名狄縣則以見狄爲濟水所逕之通稱與所云濟水又東北過臨濟縣南者無涉而韓文考異乃云過臨濟而爲狄水此朱子之誤然云今在濟鄆之閒是朱子葢誤以臨濟在四瀆

津側非指千乘之狄縣而言其所疑者特以衛都濮陽爲今開州地四瀆津今屬長清遠在衛東孔子自衛適晉不應出此耳今于氏改濟也爲齊地則濟鄆並不屬齊漢唐之臨濟縣一屬樂安國一屬濟南郡在宋爲淄齊二州地非濟鄆之閒也云文公葢疑于此失其指歸矣。又按自衛都適晉當由戚邑西渡河戚衛河上邑左傳襄公廿九年吳公子札自衛如晉將宿于戚是也故城在今開州水經注河故瀆東北逕戚城西非濟水所逕也于氏以爲漢陳留郡之平邱在今陳留縣北九十里漢縣晉廢至水經濟水又東過平邱縣南注云故衛地也平邱之西北爲延津鄭廩延地自延津渡河而北即晉朝歌矣孔子嘗過匡又過蒲皆

在今長垣縣又嘗至儀在今蘭陽縣則夫子或由衛西南境北至延津未可知也但于氏謂平邱有臨濟亭故狄也按平邱未嘗名狄續漢志注封邱有狄溝即敗狄于長邱是也左傳文公十一年杜云宋地今封邱縣東有長邱亭與平邱接壤若取狄溝之名則不必云濟水所逕之通稱矣封邱亦濟水所逕水經又東過封邱縣北是也于氏泥酈注臨濟故狄之文因展轉致誤如此

古河

至定王五年河遂南徙砱礫○按此沿蔡傳之誤以砱礫爲地名不知何據漢書溝洫志賈讓奏言滎陽漕渠足以卜之如淳曰今礫谿口是也水經濟水又東

至礫谿南酈注云世謂之礫石澗初無砱礫之目蓋漢書誤本今譌作令遂加石作砱以配礫字爲地名耳實則礫谿口亦非春秋時河徙之地也

曰簡曰潔○潔爾雅釋水本作絜朱子孟子集注始加水作潔蔡氏書傳因之非也